СТРУКТУРА MCKINSEY 7S — 4

Ключова інформація — 4
Вступ — 4

ТЕОРІЯ — 6

Стратегія — 8
Структура — 9
Системи — 11
Персонал — 11
Стиль — 12
Навички — 13
Спільні цінності — 13
Висновок — 14

ОБМЕЖЕННЯ ТА ПРОДОВЖЕННЯ — 16

Обмеження та критика — 16
Схожі моделі — 17

ПРАКТИЧНЕ ЗАСТОСУВАННЯ — 18

Поради та рекомендації — 18
Тематичне дослідження — 20

РЕЗЮМЕ — 26

ЧИТАТИ ДАЛІ — 27

Бібліографія — 27

СТРУКТУРА MCKINSEY 7S

КЛЮЧОВА ІНФОРМАЦІЯ

- **Назви:** 7S, 7-S Framework, McKinsey 7S Framework.

- **Застосування:** управління середніми та великими організаціями, адаптація до змін.

- **Чому вона успішна?** Його легко представити візуально і він дуже застосовний.

- **Ключові слова:** організація, модель, управління, зміни.

ВСТУП

Історія

Структура McKinsey 7S бере свій початок у 1980-х роках і вперше була представлена у статті Роберта Уотермана, Томаса Пітерса та Джуліана Філіпа «*Структура – це не організація*» (1980) у співавторстві. Вона з'явилася в той час, коли основна увага приділялася стратегії та організації компанії. По суті, вона передбачає переосмислення всієї організації бізнесу, а не просто перегрупування використовуваних практик.

Сьогодні ці графіки та діаграми – блок-схеми, технологічні тощо – широко розповсюджені в економічному середовищі. – широко розповсюджені в економічному середо-

СТРУКТУРА MCKINSEY 7S

Підвищення ефективності бізнесу, підготовка до змін та впровадження ефективних стратегій

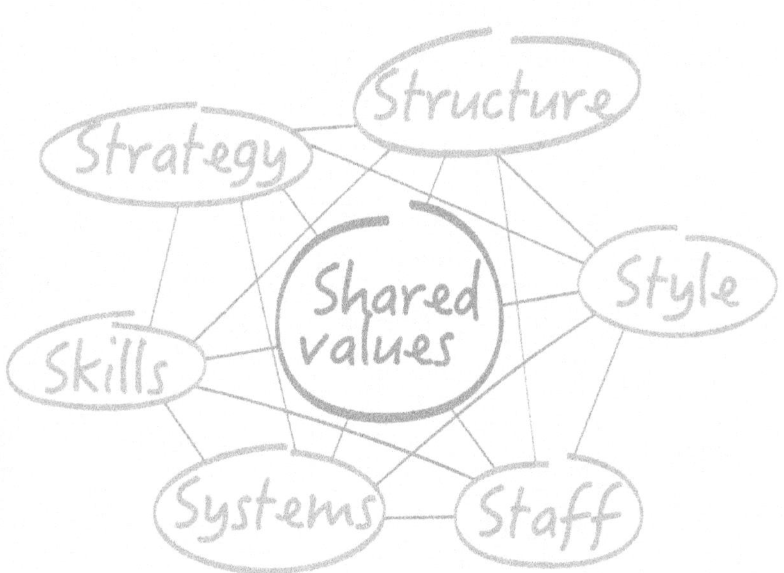

СТРУКТУРА MCKINSEY 7S

Підвищення ефективності бізнесу, підготовка до змін та впровадження ефективних стратегій

написаний Anastasia Samygin-Cherkaoui
перекладено Yaroslav Melnik

50MINUTES.com

вищі, але на той час це було геніальним кроком з двох причин:

- по-перше, напрочуд оригінальним було представлення моделі у вигляді атома;

- по-друге, повторення однієї і тієї ж початкової літери «S» для кожного з елементів створює ефект алітерації.

Обидві ці особливості полегшують запам'ятовування концепції та візуалізацію структури її семи елементів. Зрештою, вони сприяють її популярності та довговічності.

Визначення поняття

Концепція McKinsey 7S, розроблена консалтинговою компанією McKinsey, є інструментом організаційної діагностики, схематично зображеним у вигляді атома. Назва концепції за допомогою простого мнемонічного прийому підкреслює як кількість елементів структури, так і її складові, які всі починаються на літеру «s».

👁 ПРИЄМНО ЗНАТИ

Заснована у 1926 році, McKinsey є фірмою стратегічного консалтингу, яка представлена на високому рівні, оскільки орієнтована, в першу чергу, на міжнародні компанії, на чолі яких нерідко стоять колишні співробітники McKinsey.

ТЕОРІЯ

Важлива частина успіху McKinsey 7S Framework полягає в зображенні моделі у вигляді атома: це зображення динамічне і показує простий і майже очевидний взаємозв'язок між елементами, що його складають. Не відкидаючи їх, він різко дистанціюється від діаграм у вигляді ланцюжка, які показують розподіл завдань і зростання продуктивності на основі швидкості, і від традиційних пірамідальних діаграм, навіть якщо вони зараз все частіше включають в себе інформаційні потоки.

Починаючи з 1930-х років, дослідження підкреслюють важливість людських стосунків. Вони приводять до неминучого висновку, що помилково вірити в просто професійні зв'язки. Насправді, між працівниками або групами працівників розвиваються відносини та інтереси, які виходять за теоретичні рамки організаційної структури. Ці відносини, безумовно, можуть бути дружніми, але також часто впливовими. Іншими словами, вони залежать від здатності людини змінювати поведінку іншої, свідомо чи ні, для просування своїх цілей або цінностей. Непередбачувані для менеджерів, ці відносини є надзвичайно важливими, оскільки вони здатні змінити організацію в цілому. Кожен з нас може підтвердити це, згадавши ситуації, коли окремі члени групи змінювали свою поведінку, що потім змінювало результати всіх. Візьмемо приклад спорту, де зміна тренера може призвести до різних результатів, хоча команда залишається тією ж самою і кожен її член зберігає свою функцію.

Так само змінюються компанії і, відповідно, змінюються їхні потреби. Звичайно, основи залишаються незмінними: як і раніше існують сімейні компанії, компанії з високо стандартизованими завданнями, компанії, засновані на компетенціях (де приріст капіталу досягається, наприклад, за рахунок інтелектуальних послуг), і компанії, орієнтовані на результат. Зміни, що відбуваються, є результатом комбінації вже існуючих моделей і проявляються через все більш гібридні структури. Крім того, здебільшого зростає інтернаціоналізація та глобалізація. Супермаркет, наприклад, функціонує з певною автономією (кожен елемент структури є структурою сам по собі), але є частиною набагато більшої організації (у нашому прикладі – національної групи), яка його містить, а іноді також включена в ще більшу структуру (міжнародного рівня).

Саме в цьому контексті з'являється модель 7S:

На практиці таке представлення підкреслює взаємодію між різними компонентами, кожен з яких пов'язаний з іншими, але має центральне ядро. Це ядро заслуговує на певну увагу на один момент. Спочатку внутрішнє коло представляло "надзвичайні цілі". Тоні Атосу (1934-2002), професору Гарвардської школи бізнесу і близькому другу Роберта Уотермана (співзасновника моделі), належить ідея замінити ці цілі на «спільні цінності». Цей внесок був неабияким: він змінив філософію моделі, замінивши перспективні елементи (цілі) на міцні підвалини (цінності).

Сім термінів стали результатом тривалих роздумів і дебатів, і, очевидно, не були обрані випадково.

СТРАТЕГІЯ

Стратегія визначає засоби, які будуть застосовані. При цьому її визначення має передувати всім іншим елементам. Вона є формою реакції компанії на навколишнє середовище: знижувати витрати, виробляти у великих кількостях або орієнтуватися на свою аудиторію? Розширювати бізнес чи спеціалізуватися? Бути агресивною по відношенню до конкурентів чи намагатися диференціюватися?

Ми бачимо, що стратегія має вирішальне значення і є потенційно складним завданням, оскільки вона є результатом взаємодії між компанією та її оточенням. Однак не потрібно поспішати, оскільки стратегія визначає вибір, зокрема, з точки зору інвестицій, позиціонування продукції або географічного розташування. Тому вона не може раптово змінитися.

Існує три типи стратегій:

- лідерство за витратами

- диференціація (вартість)

- фокус (ніша).

Недостатньо або погано визначена стратегія може призвести до складного вибору, невиправданих інвестицій, акценту на певних навичках за рахунок інших тощо. Це може призвести до певної відсутності єдності: компанія не має спеціалізації або особливої точки диференціації. І навпаки, чітка стратегія призводить до інвестицій та рішень, які спрямовуються в певному напрямку. Якщо стратегія є релевантною, то місія була успішною. В іншому випадку, швидше за все, компанії буде важко реформуватися.

Для ілюстрації цього повернемося до прикладу супермаркетів: одні бренди вирізняються низькими цінами, інші – якістю та оригінальністю своєї продукції. Треті не мають якихось особливо відмінних рис. Те ж саме можна сказати і про комп'ютери або телефони: деякі бренди намагаються диференціювати себе або через свій стиль, або через власні унікальні технічні характеристики. Таким чином, вони спеціалізуються і обслуговують певний тип користувачів. Інші конкурують з різними гравцями, які добре зарекомендували себе на ринку, і їм доводиться виділятися, граючи на таких факторах (можливо, комбінованих), як ціна або аксесуари – додатки або інші матеріальні чи нематеріальні доповнення, які створюють враження приналежності до спільноти користувачів (звідси і розвиток таких ролей, як менеджер спільноти). Однак можна вважати, що, навіть якщо вони призначені для потенційно більшої аудиторії, вони утримують менше клієнтів.

СТРУКТУРА

Коли вносяться напрацювання та зміни в бізнес-моделі, змінюється саме визначення структури. Крім того, працівників слід навчати так, щоб вони сприймали загальну стратегію компанії і вирішували для себе, як вони впишуться в структуру, тобто як і з ким вони будуть працювати.

Наразі децентралізація набуває все більшого поширення у промисловому секторі. Поділ за функціями та за продуктами фактично замінено іншими можливими сегментами з використанням таких критеріїв, як країни, регіони, ринки, населення, типи продуктів тощо. Більше того, ці підрозділи не обов'язково є взаємовиключними (на прикладі супермаркетів: бренд може створити географічний підрозділ з підрозділами за продуктами в межах кожного суб'єкта господарювання).

Враховуючи цю ситуацію, для компанії тим більше важливо централізувати свій вибір, хоча в цілому стратегія буде унікальною для кожного підрозділу. Це дозволяє їй діяти глобально, залишаючи суб'єктам інших рівнів можливість розвиватися на власній території. Ми можемо назвати цю структуру тимчасовою, що демонструє відносну гнучкість, оскільки вона є більш політичною або кон'юнктурною, тобто пристосовується до навколишнього середовища.

ПРИЄМНО ЗНАТИ

- Згідно з структуралізмом, соціальні відносини організовані в соціальні конструкції, причому люди, які беруть у них участь, навіть не усвідомлюють цього. У гуманітарних науках поняття структури з'явилося у Франції в 1950-х роках. Для мислителів-структуралістів, а саме Еміля Бенвеніста (1902-1976), Клода Леві-Стросса (1908-2009), Ролана Барта (1915-1980) та Лоріс Годельє (нар. 1934), воно передбачає виокремлення організації, в якій переважають відносини.

- У біології однією з особливостей структури є те, що вона сама себе регулює.

Аналогічно, структура адаптується до подій, з якими вона стикається. Аспект взаємовідносин є домінуючим. Якщо поняття "система" передбачало вже існуючі елементи, між якими встановлюються різні відносини, то структуралізм йде дещо далі: тут соціальні конструкції є результатом набору абстрактних правил, а походження структури зливається з її функціонуванням, так що будь-яке збурення викликає спонтанну адаптацію.

СИСТЕМИ

Це поняття стосується процедур та операцій, які складають повсякденне життя бізнесу. У певному сенсі воно передбачає відстеження або стеження: бюджетні системи, контроль за дотриманням внутрішніх процедур, юридичний дозор тощо. Стратегія, яка не враховує ці процедури, приречена на провал, незалежно від її актуальності, оскільки вона ігнорує фактичне функціонування бізнесу. Також, якщо ви вирішили змінити роботу бізнесу або просто проаналізувати його, не нехтуйте процедурами та відстеженням певних аспектів.

ПЕРСОНАЛ

Поняття «персонал» стосується колективу в широкому сенсі: воно фактично охоплює навички, знання, навчальні програми, мотивацію, поведінку, заробітну плату, ієрархію, оцінку та просування по службі окремих осіб. Насправді це стосується управління людськими ресурсами в цілому.

Ця характеристика, як і характеристика персоналу, ґрунтується на розмежуванні рівнів, оскільки вона означає виокремлення поведінки вищого керівництва. Така диференціація між керівниками та персоналом може викликати жаль, оскільки вона розділяє їх, хоча необхідно визнати потенційний вплив зміни лідера на групу. Дехто заперечить, що важливість стилю походить не лише від керівників. Існує кілька прикладів, які показують це: у спортивній команді один гравець може мати сильнішу особистість або чіткіший стиль, ніж тренер. Так само і в кіно, другорядна роль може мати більший вплив, ніж головна. Але хіба режисер не використовує свій досвід, щоб дозволити цим персонажам виразити себе? А як щодо силових ігор у світі політики?

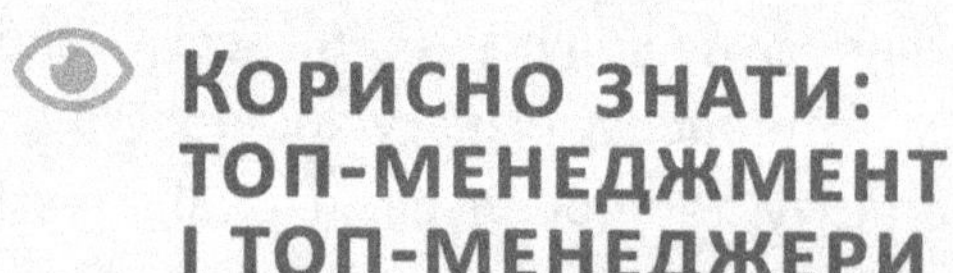

КОРИСНО ЗНАТИ: ТОП-МЕНЕДЖМЕНТ І ТОП-МЕНЕДЖЕРИ

Топ-менеджмент відноситься до найвищого рівня виконавчих функцій приватної або державної компанії. Топ-менеджери часто є сильними особистостями, здатними об'єднати свої команди та поділитися своїм баченням майбутнього і засобів досягнення цих цілей. Якщо вони приймають рішення щодо стратегії та бізнес-цілей, вони також повинні (теоретично) нести за них відповідальність: вони є єдиною особою, відповідальною за успіх або невдачу своєї політики.

НАВИЧКИ

Термін «навички» може також стосуватися знань, оскільки він охоплює ноу-хау та навички міжособистісного спілкування. Знову ж таки, це поняття схоже на поняття «персонал» і «стратегія», але не повністю.

Навички включають в себе:

- специфіка компанії або бренду (елементи, які відрізняють або покликані відрізняти компанію від конкурентів);

- навички персоналу: компанія шукає працівників, які мають ставлення та навички, що можуть передати та посилити її цінності.

Тому ця концепція передбачає висвітлення зв'язків між якостями задіяних людей і якостями структури, в якій вони діють і розвитку якої сприяють.

СПІЛЬНІ ЦІННОСТІ

В основі моделі лежать спільні цінності. Один із закидів на адресу структуралізму полягає в недбалому ставленні до найманих працівників, які розглядаються певною мірою просто як контингент структури. У відповідь на це ряд соціологів на чолі з П'єром Бурдьє (1930-2002) поставили собі за мету переоцінити працівників, не в тому сенсі, що вони можуть бути вільними від структур, а розглядаючи сферу їх досвіду і діяльності як невід'ємну частину реальності структури.

Звичайно, не всім пощастило мати роботу чи ситуацію за власним вибором. Однак має бути мінімум спільних цінностей, будь то якість послуги чи продукту, чи навіть відданість компанії певній справі. Уявіть, що ви працюєте в магазині, де у вівторок ви переробляєте всю роботу, яку зробили в понеділок. До тих пір, поки ви ігноруєте марність вашої роботи, є хороший шанс, що ви зможете продовжувати, з різною мотивацією, можливо, навіть з цілями в плані продуктивності або якості. З іншого боку, що, якби ви усвідомили повну абсурдність того, що від вас вимагається? Ви б продовжували? Як довго? За яких умов? Аналогічно ми згадали про стратегію та менеджмент: зміна на цьому рівні може породити незадоволення персоналу (страйки, збільшення прогулів, зниження продуктивності, зниження якості роботи, звільнення працівників, які мають таку можливість, тощо). Кожен, хто прочитає цей документ, зможе пригадати приклади, в сьогоденні або минулому, які ілюструють, як цінності, які більше не поділяються, викликають напруженість або розбіжності.

Найважливішим тут є зв'язок між цінностями компанії (що передаються групою осіб) та цінностями компаній (або підприємств) як комерційних або членських організацій. Ми можемо говорити про компанії (з малої літери "к") та Товариства (з великої літери "Т"), причому цінності перших фактично є варіацією цінностей других, по відношенню до яких вони повинні мати сенс.

ВИСНОВОК

Оскільки всі компоненти моделі взаємопов'язані, зміна одного з них має безпосередній вплив на всі інші. Тому ця структура завжди повинна розглядатися як динамічна. Її ілюстрація у вигляді атома дозволяє користувачеві застосовувати модель, починаючи з будь-якого елемента, залежно від наявної інформації та позиції користувача, навіть якщо центральний компонент спільних цінностей є значущим.

Отже, проаналізувавши систему McKinsey 7S, можна отримати загальне уявлення про основу діяльності компанії чи організації.

ОБМЕЖЕННЯ ТА ПРОДОВЖЕННЯ

ОБМЕЖЕННЯ ТА КРИТИКА

Згідно з основоположною статтею концепції McKinsey 7S *«Структура – це не організація»* (1980), яка посилається на бельгійського художника-сюрреаліста Рене Магрітта (1898-1967), представлення чогось не є самою річчю. Таким чином, схематичне зображення організації, яким би практичним і продуманим воно не було, насправді не є організацією. Таким чином, структура McKinsey 7S нічим не відрізняється від будь-якої іншої, філософського каменю успіху в бізнесі. Однак, оскільки вона інтегрує суб'єктивну інформацію (що входить до спільних цінностей, команди, навичок тощо), ми вважаємо, що ця модель може краще за інші адаптуватися до конкретного випадку кожної компанії, оскільки вона здатна інтегрувати специфічний параметр "культура компанії". Топ-менеджмент, який підлягає увазі з його власною складовою (стилем), може бути надмірно представлений, оскільки певною мірою також може бути включений до "персоналу".

Наслідуючи акціоністську концепцію, яка підкреслює важливість людських відносин, організаційна теорія, в якій знаходиться система 7S, є лише частиною теорії дії, розробленої такими соціологами, як Макс Вебстер (1864-1920) в Німеччині, Талкотт Парсонс (1902-1979) в США або Мішель Крозьє (1922-2013) і Ерхард Фрідберг (нар. 1942 р.) у Франції.

Згідно з цією теорією, будь-яка соціальна конструкція розуміється через дії задіяних у ній людей. Відносини влади відрізняються від чистих відносин панування: влада індивіда – це його здатність впливати на інших. Звичайно, ця здатність нерівномірна, але вона може породжувати зони невизначеності, а отже, і влади, не відходячи від встановлених правил (отже, залишаючись в межах системи дії, тобто в грі).

СХОЖІ МОДЕЛІ

Враховуючи успіх схематичних структур, деякі з них повертаються до існуючих моделей, щоб адаптувати їх до власного бізнесу. У презентаціях менеджерів регулярно зустрічаються схеми на кшталт 7S. В управлінні, блок-схеми – діаграми, що показують діяльність в цілому – і технологічні карти демонструють подібні міркування.

Також все більше моделей мають намір також грати на звуці, використовуючи алітерації або питання (хто, коли, як, скільки) для того, щоб запам'ятатися.

На наш погляд, важливим у системі McKinsey 7S є точне відображення взаємозв'язків між різними поняттями, а також врахування важливості людських взаємовідносин, що не заважає на практиці кожному робити це по-своєму. Посилатися на апробовану модель не означає однаково її застосовувати.

ПРАКТИЧНЕ ЗАСТОСУВАННЯ

ПОРАДИ ТА РЕКОМЕНДАЦІЇ

Конкретно, що це означає, коли ви вирішуєте створити або реформувати 7S компанії в контексті проекту?

З чого почати?

Кейс 1: Відкриття бізнесу

Якби я створював компанію завтра, я, ймовірно, обрав би інтелектуальний підхід. У «мета-позиції», де я є одночасно і актором, і зовнішнім спостерігачем, я б визначив свою стратегію, поставивши спочатку наступні питання:

- Що таке мій продукт?

- Яка моя позиція по відношенню до моїх (потенційних) конкурентів?

Теоретично, напевно, тоді на перший план мали б вийти питання цінностей, а за ними й інші складові моделі. Однак, на практиці зрозуміло, що не завжди є можливість діяти таким чином.

Кейс 2: Існуючий бізнес

В існуючій структурі більш доречним видається відштовхуватися від ядра атома, тобто цінностей. Фактично, вони є найнижчим спільним знаменником членів компанії. Таким чином, рефлексія щодо спільних цінностей, перш за все, очевидно, прояснить, що саме поділяють співробітники. Природно, що відповідь на питання про цінності і рішення про часткову модифікацію їх змісту може вплинути на стратегію, як і на все інше. Наприклад: чи варто утримувати послугу, яка не приносить прибутку? Спонтанно може виникнути спокуса відповісти негативно. Але у випадку з медичною послугою або транспортною послугою це питання набуває іншого значення.

Реалізація проекту

Що стосується створення проекту зміни існуючої структури, то діалог з працівниками є обов'язковою умовою. Діяти за принципом «згори донизу», тобто «зверху вниз», – це все одно, що хотіти зробити добро для людей, незважаючи на самих себе. Тоталітарні режими неодноразово показували, що така система не працює. Навіть якщо бажана зміна є актуальною, метод, який використовується для її досягнення, може приректи її на провал.

Тепер, коли ми знаємо бізнес трохи краще, ми повинні ставити правильні питання, щоб реалізувати наш проект:

- У чому полягають різні етапи?

- Які фінансові кошти та ресурси (персонал та навички) необхідні для досягнення цього?

- Що особливого в структурі?

- Що відрізняє його від конкурентів?

- Як вона впливає на тих, хто з нею взаємодіє?

Відповідаючи на ці питання, ми визначаємо або переосмислюємо стиль компанії, який безпосередньо пов'язаний з її цінностями. Стратегія, в свою чергу, не може бути визначена без урахування цінностей, навичок та середовища (конкуренції), в якому вона буде розвиватися.

Оцінка проекту

Для оцінки проекту життєво важливо проаналізувати систему (моніторинг та процедури), щоб отримати всебічну картину всієї компанії, з її перевагами та недоліками.

Роздуми над критеріями 7S неминуче призводять до підтримки або модифікації структури, яка забезпечує основу для дій.

Поставлені запитання та отримані відповіді ілюструють взаємозв'язок різних концепцій у системі McKinsey 7S. Якщо, зрештою, ми вважаємо, що всі елементи були розглянуті, то визначення того, що саме підпадає під той чи інший елемент, іноді може здатися складним. Головне – не забувати не нехтувати жодним аспектом моделі.

ТЕМАТИЧНЕ ДОСЛІДЖЕННЯ

Тепер ми розглянемо компанію Х, яка є суб'єктом державного сектору, а отже, публічним акціонерним товариством. Різні зовнішні звіти вказують на серйозні проблеми в управлінні, основними індикаторами яких є наступні:

• скорочення ліквідних активів;

- недосконале управління людськими ресурсами, в тому сенсі, що кількість працівників постійно зростала протягом декількох років при незмінному обсязі послуг;

- фонд оплати праці в розмірі 50% від обороту.

X, публічна компанія, підлягає певному контролю і повинна звітувати про проблеми в управлінні, які викликають питання. Це створює напруженість у відносинах між компанією та її адміністративним наглядом. В той же час, внутрішньо компанія переживає зміну Голови Ради директорів (СД).

Прагнучи заспокоїти адміністративний нагляд, а можливо, і дещо звільнитися від нього, СД під керівництвом нового голови приймає рішення про залучення зовнішнього консультанта для проведення всебічного аналізу ситуації.

Консультант (призначений державним сектором) добре знає систему McKinsey 7S.

- Він починає зі швидкого первинного аналізу ситуації, переважно фінансового: доходи та зміни результатів за останні роки, аналіз основних статей витрат, валової операційної маси тощо. Його висновки не тільки збігаються з висновками адміністративного нагляду, але й підкріплюють їх, представляючи значно більш суворі результати.

- Після цього першого "офіційного" спостереження, оскільки підготовка переважно фінансового звіту не вимагає особливої присутності на місцях, він працює в компанії і проводить семінари з топ-менеджерами. Це дає змогу зробити низку нових висновків, які висвітлюють недоліки в організації та логістиці, внутрішню напруженість, питання компетентності тощо.

- Після того, як консультант чітко розуміє місію та цілі компанії, його робота полягає у наданні конкретних рекомендацій. Запропоновані рішення є результатом семінарів, які, таким чином, узгоджуються з працівниками компанії і будуть частково впроваджуватися.

- Таким чином, X буде глибоко реорганізовано: хоча неминучий відхід значної частини персоналу (третини працівників) шляхом звільнення або дострокового виходу на пенсію соціально важко переноситься, він не викличе страйку.

Спостерігаючи за підходом консультанта, ми розуміємо, що він починає свої роздуми, відштовхуючись від ядра системи 7S. Спочатку він розглядає цінності, які поділяють працівники при виконанні своєї роботи. Потім він зосереджується на персоналі, його якостях і недоліках. Проблеми аналізуються у світлі невідповідностей між системою (наприклад, процедурами) і персоналом. Це показує, наприклад, що деякі місії нечітко визначені або частково виконуються двічі, а багатьом не вистачає інструментів або навичок для виконання покладених на них завдань.

Роз'яснюючи внутрішні процедури, консультант працює над системою, але водночас і над компетенціями.

Він також знає про низку напружень, пов'язаних з різними особистостями, а також із зовнішніми політичними факторами. Як ми вже говорили, кількість працівників різко і швидко збільшилася, без жодних змін у послугах, що надаються. Через політизацію СД (публічна компанія) деякі працівники виглядають менш "легітимними", ніж інші. У цій конкретній ситуації консультант працює з двома новоприбулими керівниками, на яких ці питання легітимності відносно не впливають: фінансовим менеджером та головою правління.

Незважаючи на динаміку роботи і навіть, певною мірою, завдяки їй, між окремими працівниками, в тому числі і самим директором підприємства, створюється напруженість і розбіжності. Директор відчуває втрату легітимності, низка його рішень та дій ставиться під сумнів. У той же час, голова також залучений: він виступає в якості інтерфейсу між працівниками та СД і виконує важливу роботу, яка призводить до активізації роботи всієї СД, з кращим інформуванням та більшою залученістю членів СД. Ця напруженість свідчить про те, що, працюючи над системою, консультант розхитав структуру. Робота на місцях змусила структуру адаптуватися до неминучої і важливої реорганізації.

На чолі з новими керівниками, дотримуючись рекомендацій консультанта та за підтримки більшості працівників нижчої ланки, менеджери – СД – можуть переосмислити стратегію компанії. Безумовно, місії визначаються органічною структурою, але як діяти відповідно до неї, залежить від них самих. В даному випадку стратегія виглядає наступним чином:

- адаптація методу;

- встановлення цілей відповідно до місії компанії та цінностей, що лежать в її основі. Оскільки компанія є публічним акціонерним товариством з обмеженою відповідальністю і не позиціонує себе на ринку по відношенню до приватних суб'єктів, стратегічний аспект є більш обмеженим.

Що стосується стилю, то зміна Голови є визначальним фактором: певний динамізм і нове залучення тепер оживляють цей орган управління. Директор, поставлений на місце через недоліки, які були підняті в різних звітах, і не взявши участі в роботі консультанта, є ізольованим. Покинутий радою директорів, він вирішив залишити компанію в рамках плану дострокового виходу на пенсію, і фінансовий менеджер негайно замінив його. У певному сенсі, ми проходимо повне коло, оскільки фінансовий менеджер і президент були двома основними особами, які мали справу з консультантом.

Згадайте, що реорганізація компанії X завершилася без соціальних зіткнень (зокрема, без страйків). Сьогодні соціальний клімат значно кращий, ніж був у минулому. Він працює більш гармонійно завдяки перерозподілу завдань і послуг. Однак, деякі деталі залишаються неврегульованими, в тому числі те, що певних навичок все ще бракує внутрішньо. На це є різні причини:

- По-перше, нинішній персонал, як правило, недостатньо кваліфікований.

- По-друге, з регуляторної точки зору, оскільки компанія, яка проводить велику реструктуризацію, не може наймати новий персонал протягом наступних трьох років, необхідно визначити, яка кількість працівників необхідна для продовження діяльності компанії та рівня обслуговування. Такий підхід передбачає розрахунок бажаної кількості звільнень для того, щоб сформувати невелику команду, не обов'язково володіючи всіма необхідними навичками.

Нарешті, підкреслимо той факт, що консультант розпочав свої роздуми з центру атома 7S (спільні цінності), тобто з того, що є спільним для всіх працівників. Потім він "подорожував" по структурі, що є цілком прийнятним. Взаємозв'язок компонентів та відсутність ієрархії є, на нашу думку, однією з найсильніших сторін моделі.

РЕЗЮМЕ

- Система McKinsey 7S — це модель організаційної діагностики, яка використовується в управлінні, зокрема, під час реалізації нових проектів або змін, які необхідно здійснити в компанії. Її успіх обумовлений тим, що вона дозволяє розглядати цікавий набір параметрів, а також підкреслює їх взаємозв'язок.

- З'явившись у 1980-х роках, ця модель є результатом змін у суспільствознавстві (структуралізм та посилення соціальних зв'язків) та економіці (модифікація комерційних та бізнес-структур, що призвели до гібридизації та інтернаціоналізації компаній).

- Теоретиками концепції McKinsey 7S є Роберт Уотерман, Томас Пітерс та Джуліан Філіпс.

- Перевага цієї моделі полягає в тому, що вона враховує взаємодію між різними аспектами, з яких складається організація. Крім того, акцент робиться на людських відносинах та якісному аспекті.

- Однак ця модель, як і всі інші, все ще розглядається як інструмент, а не самоціль. Більше того, враховуючи важливість, яку вона надає людським відносинам, спільним цінностям та управлінню, вона віддає пріоритет суб'єктивним критеріям або якісним даним. Тому дехто віддає перевагу підходам, які більше орієнтовані на економічні та кількісні дані.

ЧИТАТИ ДАЛІ

БІБЛІОГРАФІЯ

Bajoit, G. (1992) *Pour une sociologie relationnelle.* Paris: PUF.

Бурдьє, П. (1979) *La Distinction – critique sociale du jugement.* Paris: Éditions de Minuit.

Бурдьє, П. (2002) *Питання соціології.* Paris: Éditions de Minuit.

Крозьє, М. та Фрідберг, Е. (1977) *L'Acteur et le Système.* Paris: Seuil.

Дево, Е. (2008) По той бік *структуралізму. Шість редакцій про Клода Леві-Стросса.* Paris: Complexe.

Леві-Строс, К. (2003) *Структурна антропологія.* Paris: Pocket.

Сайт Тома Пітерса: http://tompeters.com/

Уотерман, Р.Х., Пітерс, Т.Д. и Філіпс, Д.Р. (1980) Структура – це не організація. *Горизонти бізнесу.* 23(3), pp. 14-26.

Ми хочемо почути вас!
Залишайте коментарі в онлайн-бібліотеці
та діліться улюбленими книгами в соціальних мережах!

IMPROVE YOUR GENERAL KNOWLEDGE

IN THE BLINK OF AN EYE!

Майстер ISBN: 9782808601115
Паперовий ISBN: 9782808602563
Юридичний депозит: D/2022/12603/257

Цифровий дизайн: Primento,
цифровий партнер видавництва.